Heilpraktiker für Psychotherapie

Heilpraktiker für Psychotherapie

Das Prüfungstraining

Band 2

Ingo Michael Simon

Hinweise an die Leserinnen und Leser
Der Autor und seine Mitarbeiter haben bei der Erstellung dieses Selbstlern-skriptes größten Wert auf Sorgfalt bei der Auswahl und Recherche der Inhalte gelegt. Aktualität im Hinblick auf den gegenwärtigen Forschungsstand der psy-chotherapeutischen, psychiatrischen und psychologischen Erkenntnisse war dabei ebenso von Bedeutung wie die Berücksichtigung der Überprüfungspraxis der Gesundheitsämter, die den Anwärtern bzw. Antragstellern die einge-schränkte Heilpraktikerüberprüfung abnehmen. Medizinische Erkenntnisse und entsprechende Konsequenzen für die psychotherapeutische Arbeit unterliegen einer teilweise raschen Entwicklung und können mit der Zeit Veränderungen erfahren. Es unterliegt daher der Verantwortung der Leserinnen und Leser, vor allem mit Blick auf die eigene Teilnahme an der amtsärztlichen Überprüfung und die eigene praktische Arbeit, ihr Wissen aktuell zu halten und situations-angemessen mit ihren Klienten umzugehen. Ein Fachbuch zur Prüfungsvorbe-reitung ersetzt nicht die notwendigen praktischen Fähigkeiten eines Heilprak-tikers für Psychotherapie. Dieses Buch kann daher nicht als Handlungsempfeh-lung gelten und keine Vorschläge zur Behandlung von Klienten oder Patienten geben.

Über den Autor
Ingo Michael Simon studierte Psychologie und Pädagogik und ist Hypnosethera-peut mit Praxistätigkeiten in Südwestdeutschland und in der Schweiz. Mit Hilfe hypnosegestützter Psychotherapie behandelt er vor allem Menschen mit anhal-tenden psychischen Leiden. Angststörungen, pathologische Zwänge und psy-chosomatische Erkrankungen bilden den Schwerpunkt seiner Praxistätigkeit. Zu seinen therapeutischen Angeboten gehören hauptsächlich klassische und mo-derne Hypnoseanwendungen sowie die von ihm selbst entwickelte Traumland-therapie (www.traumlandtherapie.de).

Impressum

Copyright © 2015 - Ingo Michael Simon
All rights reserved. Alle Rechte liegen beim Autor.
Idee und Konzept: Praxisteam Simon
Kontakt: www.praxissimon.de
Verlag: Creatspace Independent Publishing Platform
ISBN: 978-1511534932

Inhaltsverzeichnis

Weitere Titel dieser Reihe

Bd. 1   Grundbegriffe und Klassifikationssystem

Bd. 2   Allgemeine Psychopathologie

Bd. 3   Organisch bedingte psychische Störungen

Bd. 4   Abhängigkeitserkrankungen

Bd. 5   Schizophrenie

Bd. 6   Affektive Störungen

Bd. 7   Ängste, Zwänge, Belastungsreaktionen

Bd. 8   Somatoforme und dissoziative Störungen,

          Ess-, Schlaf-, sexuelle Störungen

Bd. 9   Persönlichkeits- und Verhaltensstörungen,Suizidalität

Bd. 10   Kinder- und Jugendstörungen

Bd. 11   Psychopharmaka und Somatotherapie, Rechtskunde

Bd. 12   Psychotherapieverfahren

Unter dem Titel „Heilpraktiker für Psychotherapie. Das Selbstlernsystem" ist eine parallele Reihe zum Aufbau des Fachwissens der Psychiatrie und Psychotherapie im gleichen Verlag erschienen.

Bestellungen über www.amazon.de

1. Begriffe und Definitionen

Lesen Sie die Beschreibungen und Definitionen und notieren Sie rechts neben dem Text, welche psychopathologischen Fachbegriffe hier jeweils gesucht werden.

Beschreibung   Fachbegriff

1. Betroffene zeigen keine spontanen sprachlichen Äußerungen, sind jedoch durch lautes Ansprechen gut weckbar.

2. Betroffene sind nicht mehr bei Bewusstsein, vegetative Funktionen sind gestört, der Pupillenreflex ist noch erhalten.

3. Das Erleben von Helligkeit, Raumgröße, Tiefe und die Farbwahrnehmung sind intensiviert.

4. Der Patient spricht vermindert auf Außenreize an und hat ein eher traumhaftes Erleben.

5. Betroffene sind stark schläfrig und können nur durch starke Weckreize (z. B. durch Schütteln) geweckt werden.

6. Vergangenes wird als gegenwärtig wahrgenommen.

7. Der Zeitraum vor einem traumatisierenden Ereignis ist von einer Erinnerungslücke betroffen.

8. Betroffene zeigen Orientierungsstörungen, Merkfähigkeitsstörungen und sie konfabulieren.

9. Gefühl, ein Ereignis oder einen Gegenstand schon einmal genauso gesehen zu haben, obwohl die Wahrnehmung gerade erst stattfindet.

10. Eine akute, vorübergehende Gedächtnisstörung, die sowohl den Zeitraum vor als auch den Zeitraum nach einem traumatisierenden Ereignis betrifft und sich nach etwa 24 Stunden vollständig zurückbildet.

11. Der Gedankengang wird ohne erkennbaren Grund plötzlich abgebrochen.

12. übermäßig einfallsreiche Gedanken mit schnellem inhaltlichen Wechsel durch ständige Assoziationen.

Beschreibung   Fachbegriff

13. Sprunghafte Gedankengänge ohne sinnvolle oder logi-
    sche bzw. assoziative Verknüpfungen.

14. Haften an Worten oder Gedanken, die vorher gebraucht
    wurden, aber nicht mehr sinnvoll oder unpassend sind.

15. Sprachzerfall (Wortsalat) aufgrund schwerer Zerfahren-
    heit; vor allem bei Schizophrenie.

16. unablässiges Beschäftigen mit meist unangenehmen Ge-
    dankengängen aus der aktuellen Lebenssituation.

17. Betroffene erleben alle Ereignisse ihrer Umgebung als
    für sie inszeniert.

18. Beziehungswahn, bei dem alle Ereignisse der Umgebung
    vom Betroffenen als gegen ihn gerichtet empfunden wer-
    den.

19. Wahnhafte Überzeugung, von einem bestimmten Men-
    schen geliebt zu werden, der dies nur nicht zugeben will
    oder kann.

20. Wahnhafte Vorstellung, an tierischen Erregern bzw. Ein-
    dringlingen unter der Haut zu leiden.

21. Wahrnehmungen ohne objektive Sinnesreizung.

22. Etwas tatsächlich Vorhandenes wird für etwas anderes
    gehalten.

23. Nichtvorhandenes wird in wirklich Vorhandenes hinein-
    gesehen oder Worte aus ungeformten Geräuschen her-
    ausgehört.

24. Veränderte Wahrnehmung bzgl. Qualität und Intensität,
    häufig im visuellen System.

25. Betroffene glauben, dass andere ihre Gedanken kennen.

26. Betroffene haben das Gefühl, es würden ihnen ihre Ge-
    danken von außen weggenommen.

27. Betroffene haben das Gefühl, von außen gelenkt zu wer-
    den, auch: Fremdbeeinflussungserleben.

28. Das Ich oder Teile des Körpers werden als fremd wahr-
    genommen, Meinhaftigkeit erhalten!

Beschreibung   Fachbegriff

29. Gefühlsausdruck und Erlebnisinhalt passen nicht zu-
    sammen (z. B. Lachen bei Trauer).

30. Verharren in einer bestimmten Gefühlslage, unabhängig
    von der äußeren Situation.

31. Missmutige Stimmungslage, die nicht den Charakter ei-
    ner Depressivität erfüllt.

32. Alberne, leere, einfältig und unreif wirkende Heiterkeit.

33. Gleichzeitiges Vorliegen stark positiver und stark negati-
    ver Gefühlsempfindungen.

34. Starke Antriebsarmut mit motorischer Regungslosigkeit
    des Betroffenen.

35. Nachsprechen alles Gehörtem.

36. Permanente, gleichförmige Wiederholung von sprachli-
    chen oder motorischen Äußerungen.

37. Mimik und affektiver Erlebnisinhalt passen nicht zu-
    sammen.

38. Wortkargheit oder Nichtsprechen bei funktionierendem
    Sprechapparat.

39. Übermäßiger Rededrang ohne Möglichkeit der Unterbre-
    chung.

Lösungen

1. Somnolenz
2. Präkoma
3. Bewusstseinserweiterung
4. Bewusstseinseinengung
5. Sopor
6. Ekmnesie
7. Retrograde Amnesie
8. Korsakow-Syndrom
9. Déjà-vu
10. Transirotische globale Amnesie (TGA)
11. Gedankensperren, Gedankenabreißen
12. Ideenflucht
13. Zerfahrenheit
14. Perseveration
15. Schizophasie
16. Grübeln
17. Beziehungswahn
18. Beeinträchtigungswahn
19. Liebeswahn
20. Dermatozoenwahn
21. Halluzination
22. illusionäre Verkennung
23. Pareidolie
24. Sensorische Störung
25. Gedankenausbreitung
26. Gedankenentzug
27. Willensbeeinflussung
28. Depersonalisation
29. Parathymie, inadäquater Affekt
30. Affektstarre
31. Dysphorie
32. läppischer Affekt
33. Ambivalenz
34. Stupor
35. Echolalie
36. Stereotypien
37. Paramimie
38. Mutismus
39. Logorrhö

2. Symptome erkennen

In dieser Übung geht es darum, aus den Aussagen und Beschreibungen von Patienten Symptome zu erkennen und richtig zu benennen. Notieren Sie rechts neben die Beispiele jeweils das betreffende Symptom. Manchmal sind es auch zwei oder sogar drei Symptome. Achten Sie darauf, Symptome zu notieren und nicht Diagnosen! Dafür sind die Beispiele zu kurz.

Symptom/e

Beispiel 1:
„Ich hatte diesen Unfall. Ich erinnere mich, dass der Rettungswagen da war. Es war eine Notärztin. Ich hatte keine Ahnung, was passiert war. Bis heute erinnere ich mich nur daran, dass ich zu Hause losgefahren war. Mehr weiß ich nicht mehr."

Beispiel 2:
„Meine Mutter ist jetzt 78 Jahre alt. Inzwischen ist sie ziemlich durcheinander an manchen Tagen. Neulich wollte sie abends Frühstück machen. Sie hat immer wieder gesagt, sie hätte noch nicht gefrühstückt."

Beispiel 3:
„Alles ist so farblos und grau um mich herum. Ich weiß nicht, was noch werden soll. Nichts mehr macht Sinn. Was soll ich noch hier? Selbst meine Kinder interessieren mich nicht mehr. Wenn sie mich besuchen, bin ich froh, wenn sie wieder weg sind. Ich komme mir vor wie ein Fremder unter fremden Menschen."

Beispiel 4:
„Ich hatte gestern ein ganz merkwürdiges Erlebnis. Ich war in der Stadt, wollte eigentlich etwas spazieren gehen. Plötzlich erkannte ich die Straßen nicht mehr. Ich hatte mich verlaufen, obwohl ich seit Jahren hier lebe. Ich konnte mich einfach nicht mehr zurechtfinden. Ich musste Fußgänger nach dem Weg fragen."

Beispiel 5:
„Ich war in der Disco, hatte etwas getrunken, nicht viel. Plötzlich war alles um mich herum so grell. Alles hat geleuchtet, die Farben waren so stark."

Symptom/e

Beispiel 6:
„Ich wurde aus diesem brennenden Haus gerettet. Ich
erinnere mich gut daran, ich dachte schon, es wäre
vorbei und ich müsste sterben. Meine Eltern haben
mich sofort im Krankenhaus besucht, sagen sie. Ich
kann mich nicht daran erinnern. Irgendwie ist da eine
Lücke."

Beispiel 7:
„Es ist gerade, als hätte ich das Gleiche schon einmal
getan. Ich wusste schon, indem ich mich hingesetzt
habe, was als nächstes passiert."

Beispiel 8:
Ein Klient in Ihrer Praxis berichtet, dass er Medikamente zur Beruhigung und zum Einschlafen nehme.
Im Gespräch verliert er sehr schnell an Aufmerksam-
keit und wirkt schläfrig. Immer wieder müssen Sie
ihn laut ansprechen, woraufhin er kurz „aufwacht",
aber rasch wieder abgleitet.

Beispiel 9:
„Meine Nachbarn wollen mich vergiften. Ich weiß,
dass sie mir etwas in den Garten gießen. Ein Gift, es
ist farblos. Ich rieche es aber. Der ganze Salat im
Garten riecht danach."

Beispiel 10:
„Mein Vater vergisst immer wieder die Zeit. Wenn
ich mich mit ihm verabrede und dann vor der Tür
stehe, behauptet er, ich sei viel zu früh oder es wäre
der falsche Tag. Das geht nun schon seit einigen Wo-
chen schon so."

Beispiel 11:
„Ich kann mich kaum konzentrieren. Jeder Gedanke
ist mühsam. Ich muss mich richtig anstrengen, um
einen Gedanken weiter zu denken. Es fühlt sich so
zäh an."

Symptom/e

Beispiel 12:
„Meine Mutter ist 75 und seit einem halben Jahr we-
gen Depressionen in Behandlung. Immer wieder sagt
sie, sie hätte alles falsch gemacht, sei keine gute Mutter gewesen und es wäre besser für uns, wenn sie tot
wäre. Sie denkt, sie hätte uns Kindern das Leben
zerstört. Dabei war sie immer eine gute Mutter und es
geht uns allen sehr gut."

Beispiel 13:
„Ich verstehe das nicht. Ganz plötzlich sind meine
Gedanken weg. Ich denke und plötzlich bricht es ab.
Der Gedanke ist verschwunden."

Beispiel 14:
„Mein Mann wurde gestern ins Krankenhaus gebracht. Er war völlig aufgeregt, hat nur noch durcheinander gesprochen. Niemand konnte verstehen, was
er sagen wollte. Die Worte waren klar und deutlich zu
verstehen. Aber irgendwie gab alles keinen Zusammenhang mehr."

Beispiel 15:
„Ich habe so ein Gefühl. Ich weiß, es wird etwas pas-
sieren. Spüren Sie es nicht? Ich kann es fühlen. Etwas
Furchtbares bahnt sich an."

Beispiel 16:
„Immer, wenn ich aus dem Haus gehen will, ist es
wieder da. Ich denke, ich könnte den Herd angelassen
haben. Ich sehe nach und er ist ausgeschaltet. Kaum
bin ich an der Tür, geht es wieder los. Ich muss wieder nachsehen, obwohl ich weiß, dass ich das bereits
kontrolliert habe."

Beispiel 17:
„Diese Gedanken lassen mich nicht los. Schon kurz
nach dem Frühstück überlege ich, wie ich wohl alles
schaffen soll, jetzt so alleine. Ich kann mich kaum
ablenken. Immer wieder plagen mich diese Sorgen.
Immer und immer wieder."

Symptom/e

Beispiel 18:
„Plötzlich sind da diese Schatten an der Wand. Ich
sehe sie, sie bewegen sich hin und her. Wie Flecken,
die sich langsam ausbreiten."

Beispiel 19:
„Gestern war ich in der Stadt. Alle Leute haben mich
angestarrt. Sie kannten meine Gedanken. Alle wuss-
ten, was ich denke. Ich habe versucht, wegzulaufen.
Aber es hat nicht aufgehört."

Beispiel 20:
„Ich werde von Strahlen gelenkt. Sie steuern mich
wie eine Maschine. Es sind meine Nachbarn. Sie
haben einen Apparat in der Wohnung, mit dem sie das
machen. Ich weiß es genau. Sie lenken mich."

Beispiel 21:
„Und plötzlich hörte ich meine eigenen Gedanken.
Ich dachte, das kann nicht sein. Meine Gedanken
gehören mir. Doch ich konnte es nicht stoppen. Sie
waren zu hören."

Beispiel 22:
„Sehen Sie das Gesicht dort im Teppichmuster. Es ist
ein Dämon, der darin wohnt. Er versteckt sich aber
ich sehe ihn."

Beispiel 23:
„Abends, wenn es dunkel wird, kommt diese Angst.
Ich sehe plötzlich Gestalten, ganz kurz. Dann denke
ich, ich habe mich geirrt. Es ist wie eine Täuschung.
Ich sehe etwas, dann ist es weg. Seltsam ..."

Beispiel 24:
„Es fühlt sich dann an, als würde ein Staubsauger an
meinem Kopf angesetzt und meine Gedanken würden
damit abgesaugt. Irgendwie machen die das."

Beispiel 25:
„Ich war völlig im Stress. Seit Tagen hatte ich nicht
richtig geschlafen. Plötzlich war es, als stünde ich
neben mir und könnte alles beobachten. Ich hörte die
anderen nur noch wie von weitem sprechen."

Symptom/e

Beispiel 26:
„Ich kann sie nicht sehen. Aber sie reden mit mir. Sie beschimpfen mich manchmal, sagen mir, was ich tun soll. Ich sage, sie sollen still sein, aber sie machen einfach weiter."

Beispiel 27:
„Ich weiß, dass sie mich hier in der Klinik töten wollen. Ich bin ihnen zu gefährlich, sie müssen mich beseitigen. Sie vergiften mir das Essen. Ganz langsam, damit es keiner merkt. Ich schmecke das Gift. Ich kann es genau schmecken."

Beispiel 28:
„Im Großen und Ganzen geht es mir gut. Ich habe eine Arbeitsstelle und eine kleine Wohnung. Ich habe alles, was ich brauche. Aber viel erreicht habe ich nicht gerade. Und ich denke, es wird wohl keine große Veränderung mehr geben. Ich bleibe wohl alleine bis an mein Lebensende."

Beispiel 29:
„Ich kann mich über nichts mehr wirklich freuen. Manchmal, wenn die Kinder zu Besuch sind, ist es ganz schön. Dann geht es mir für einige Minuten gut. Aber sofort bricht wieder dieses dumpfe Gefühl durch. Ich bin einfach müde und fertig."

Beispiel 30:
„Warum bin ich hier? Ich will nach Hause! Wer sind Sie? Was soll das hier? Lassen Sie mich in Ruhe!"

Beispiel 31:
„Heute umgehen plötzlich am Hexenquadrat. Muss futquetschen abnormal. Sicherlich Neumond gobnurad."

Beispiel 32:
„Immer wieder muss ich weinen, auch ohne direkten Anlass. Ich werde traurig, kann nicht damit aufhören."

Lösungen

1. retrograde Amnesie
2. zeitliche Orientierungsstörung
3. Deprimiertheit; Gefühl der Gefühllosigkeit
4. räumliche / örtliche Orientierungsstörung
5. Bewusstseinserweiterung
6. anterograde Amnesie
7. Déjà-vecu
8. Somnolenz
9. Verfolgungswahn; Vergiftungswahn
10. zeitliche Desorientiertheit
11. verlangsamtes Denken
12. nihilistischer Wahn; Versündigungswahn
13. Gedankenabreißen (Gedankensperrung)
14. Zerfahrenheit (Inkohärenz)
15. Wahnstimmung
16. Zwangshandlung; Kontrollzwang
17. Grübeln
18. optische Halluzination; Photome
19. Gedankenausbreitung
20. Willensbeeinflussung; wahnhafte Deutung
21. Gedankenlautwerden
22. Pareidolie
23. Pseudohalluzination
24. Gedankenentzug, Beeinflussungswahn
25. Derealisation; Depersonalisation
26. akustische Halluzinationen; kommentierende und imperative Stimmen
27. gustatorische Halluzination; Verfolgungswahn
28. Dysphorie
29. Affektlabilität; Deprimiertheit; Vitalgefühlsstörung
30. situative Desorientiertheit
31. Zerfahrenheit; Paragrammatismus; Neologismen
32. Affektinkontinenz

3. Differenzialdiagnostik

Um sichere Diagnosen zu erstellen, ist die Differenzialdiagnostik unerlässlich. Es geht darum, ähnliche Symptome klar gegeneinander abzugrenzen und ähnlich Syndrome oder Störungen anhand bestimmter Symptome zu unterscheiden. Im vorliegenden Band der Reihe geht es um das Unterscheiden und richtige Zuordnen von Symptomen. In den Bänden 2-10 geht es um Abgrenzung von ähnlichen Krankheiten.

A. Bewusstseinsstörungen

Notieren Sie die verschiedenen Formen der Bewusstseinsstörung in die jeweils richtige Spalte. Sortieren Sie die unten stehenden Begriffe zu oder decken Sie diese ab und nehmen die Zuordnung aus dem Gedächtnis vor. *Vorsicht:* Nicht alle unten stehenden Begriffe gehören tatsächlich in diese Tabelle!

Quantitative Bewusstseins-störungen	Qualitative Bewusstseins-störungen

Koma, Sopor, Illusion, Bewusstseinseinengung, Amnesie, Benommenheit, Bewusstseinsverschiebung, zeitliche Desorientiertheit, Somnolenz, Präkoma, Bewusstseinseintrübung, Wahnstimmung, Somnolenz

B. Wahrnehmungsstörungen

Finden Sie in der Symptomauswahl unten die Wahrnehmungsstörungen und notieren Sie diese in die linke Spalte! Schreiben Sie die Symptome, die keine Wahrnehmungsstörungen sind, in die rechte Spalte.

Wahrnehmungsstörungen	Andere Störungen

Stimmen hören, Oligophrenie, Akoasmen, Photome, Wahnwahrnehmung, illusionäre Verkennung, Ideenflucht, Agnosie, olfaktorische Halluzination, Pareidolie, Bewusstseinserweiterung, Pseudohalluzination,

C. Denkstörungen

Ordnen Sie unten stehende Symptome jeweils zu den formalen und inhaltlichen Denkstörungen. Notieren Sie die Zuordnung in die Tabelle. *Vorsicht:* Nicht alle unten stehenden Begriffe gehören tatsächlich in diese Tabelle!

Formale Denkstörungen	Inhaltliche Denkstörungen

Denkhemmung, Ideenflucht, überwertige Idee, Inkohärenz, Beziehungsidee, Wahngedanke, Neologismen, Zwangsgedanke, Eifersuchtswahn, Schizophasie, Gedankensperren,

Lösungen

A. Bewusstseinsstörungen

Quantitative Bewusstseins-störungen	Qualitative Bewusstseins-störungen
▪ Benommenheit ▪ Somnolenz ▪ Sopor ▪ Präkoma ▪ Koma	▪ Bewusstseinseintrübung ▪ Bewusstseinseinengung ▪ Bewusstseinsverschiebung (Bewusstseinserweiterung)

B. Wahrnehmungsstörungen

Wahrnehmungsstörungen	Andere Störungen
▪ Stimmen hören ▪ Akoasmen ▪ Photome ▪ Illusionäre Verkennung ▪ Olfaktorische Halluzination ▪ Pareidolie ▪ Pseudohalluzination	▪ Oligophrenie ▪ Wahnwahrnehmung ▪ Ideenflucht ▪ Agnosie ▪ Bewusstseinserweiterung

C. Denkstörungen

Formale Denkstörungen	Inhaltliche Denkstörungen
▪ Denkhemmung ▪ Ideenflucht ▪ Inkohärenz ▪ Neologismen ▪ Schizophasie ▪ Gedankensperren	▪ Überwertige Idee ▪ Beziehungsideen ▪ Wahngedanke ▪ Zwangsgedanke ▪ Eifersuchtswahn

4. Hier stimmt etwas nicht!

Wir haben hier Begriffsreihen zusammen gestellt. Jeweils einer der Begriffe passt nicht in die Reihe. Finden Sie heraus, welcher Begriff das ist und überlegen Sie sich jeweils auch eine solide Begründung dafür.

1. Akoasmen - Photome - Phoneme - Stimmen hören

2. Wahneinfall - Wahnwahrnehmung - Wahnsystem - überwertige Idee

3. Zerfahrenheit - Assoziationslockerung - Wahngedanke - Denkhemmung

4. Somnolenz - Benommenheit - Bewusstseinserweiterung - Sopor

5. Mutismus - Paragrammatismus - Schizophasie - Neologismus

6. Paramimie - Affektinkontinenz - Affektstarre - Parathymie

7. parathym - dysthym - synthym - zyklothym

8. Oligophrenie - Intelligenzminderung - Kinderdemenz - Alzheimerdemenz

9. Illusion - Pseudohalluzination - Wahnwahrnehmung - Pareidolie

10. Eifersuchtwahn - Doppelgängerwahn - Berufungswahn - Wahnstimmung

11. Katalepsie - Stupor - Mustismus - Parathymie

12. Deprimiertheit - Dysphorie - Vitalgefühlsstörung - Euphorie

13. Gefühl der Gefühllosigkeit - Euphorie - Größenidee - Verfolgungswahn

14. Beeinträchtigungswahn - Verfolgungswahn - Vergiftungswahn - Nihilismus

15. Inkohärenz - beschleunigtes Denken - gebremstes Denken - Denkhemmung

Lösungen

1. Akoasmen - Photome - Phoneme - Stimmen hören
    Photome sind optische Halluzinationen, die anderen akustische.
2. Wahneinfall - Wahnwahrnehmung - Wahnsystem - überwertige Idee
    Wahnsystem ist kein Symptom, sondern die Bezeichnung für eine Struktur.
3. Zerfahrenheit - Assoziationslockerung - Wahngedanke - Denkhemmung
    Wahngedanke ist eine inhaltliche Denkstörung.
4. Somnolenz - Benommenheit - Bewusstseinserweiterung - Sopor
    Bewusstseinserweiterung ist eine qualitative Bewusstseinsstörung.
5. Mutismus - Paragrammatismus - Schizophasie - Neologismus
    Hier ist das Sprechen gestört (Fluss und Sinnzusammenhang); Mutismus ist eine Antriebsstörung; die übrigen sind formale Denkstörungen.
6. Paramimie - Affektinkontinenz - Affektstarre - Parathymie
    Hier geht es um Affektstörungen. Paramimie ist die einzige Antriebsstörung.
7. parathym - dysthym - synthym - zyklothym
    Hier geht es um den Zusammenhang von Affektlage und Affektäußerung. Zyklothym bezeichnet den phasischen Stimmungswechsel.
8. Oligophrenie - Intelligenzminderung - Kinderdemenz - Alzheimerdemenz
    Alzheimer ist von den Beispielen die einzige Schädigung mit Intelligenzverlust, die das bereits vollständig entwickelte Gehirn betrifft.
9. Illusion - Pseudohalluzination - Wahnwahrnehmung - Pareidolie
    Die Wahnwahrnehmung ist keine Wahrnehmungsstörung.
10. Eifersuchtwahn - Doppelgängerwahn - Berufungswahn - Wahnstimmung
    Hier werden Wahnthemen genannt. Wahnstimmung ist jedoch eine Wahnform.
11. Katalepsie - Stupor - Mustismus - Parathymie
    Parathymie ist eine Affektivitätsstörung.
12. Deprimiertheit - Dysphorie - Vitalgefühlsstörung - Euphorie
    Es handelt sich durchweg um Affektivitätsstörungen, die Euphorie ist jedoch die einzige, die in Richtung gehobener Stimmungslage geht.
13. Gefühl der Gefühllosigkeit - Euphorie - Größenidee - Verfolgungswahn
    Nicht gerade leicht: Verfolgungswahn gehört typischerweise nicht zu Affektpsychosen sondern zu schizophrenen Psychosen.
14. Beeinträchtigungswahn - Verfolgungswahn - Vergiftungswahn - Nihilismus
    Nihilismus ist keine Form des Beziehungswahns, die anderen Beispiele sind Ausprägungsformen des Beziehungswahns.
15. Inkohärenz - beschleunigtes Denken - gebremstes Denken - Denkhemmung
    Inkohärenz beschreibt den mangelnden Sinnzusammenhang, während die anderen Beispiele das Tempo des Denkens beschreiben.

5. Der schnelle Wissenstest

Für die schriftliche Überprüfung der Heilpraktiker für Psychotherapie wird meistens mit Multiple-Choice-Fragen geübt. Das hat gute Gründe, denn der Umgang mit Aufgabenstellungen und verschiedenen Auswahlantworten kann mit etwas Training und Gewöhnung die Bewältigung der Prüfungsanforderungen erheblich erleichtern. In unseren Prüfungsvorbereitungskursen hat es sich zusätzlich bewährt, mit Einzelaussagen das persönliche Fachwissen abzufragen. Im Gegensatz zu verschiedenen Auswahlmöglichkeiten können Lernende die richtige Lösung dabei nicht schrittweise durch das Ausschließen bestimmter Antworten oder einzelner Kombinationen erschließen. Einzelbehauptungen sind entweder richtig oder falsch. Wir haben hier eine Auswahl an Aussagen bzw. Behauptungen zum Thema dieses Prüfungsheftes zusammengestellt Überprüfen Sie, welche der Aussagen richtig sind und welche falsch! Im Anschluss an diese Übung finden Sie die Lösungen. Sie erhalten auch eine kurze Erläuterung zur jeweiligen Aussage, sodass Sie weitere Lernhinweise verfügbar haben und vor allem bei einer falschen Einschätzung Ihrerseits nicht rätseln müssen, warum Sie sich geirrt haben.

	Richtig	Falsch
1. Eine Pareidolie ist eine Halluzination, die vom Betroffenen als unwirklich erkannt wird.	☐	☐
2. Veränderungen im Gehirn lassen sich nur bei organisch bedingten psychischen Störungen feststellen.	☐	☐
3. Ekmnesie und Hypermnesie gehören zu den paramnestischen Symptomen.	☐	☐
4. Beim Gefühl der Gefühllosigkeit besteht kein Leidensdruck mehr, da auch dieses Gefühl verloren geht.	☐	☐
5. Da die Begriffe psychotisch und neurotisch als überholt gelten, kommen beide in der ICD-10 nicht vor.	☐	☐
6. Dysphorie bezeichnet einen Zustand, bei dem der geäußerte Gefühlsausdruck nicht zu dem tatsächlichen Erleben des Patienten passt.	☐	☐

	Richtig	Falsch

7. Die zeitliche Orientierung bleibt bei organisch bedingten psychischen Störungen meist länger erhalten als die situative. ☐ ☐

8. Das offizielle Diagnose- und Klassifikations-system der psychischen Erkrankungen variiert von Bundesland zu Bundesland. ☐ ☐

9. Somnolenz und Sopor sind qualitative Be-wusstseinsstörungen. ☐ ☐

10. Psychotherapeutische Begleitung ist nur bei neurotischen Störungen sinnvoll. Psychotische Zustände profitieren von dieser Form der Be-handlung nicht. ☐ ☐

11. Bei Entfremdungserleben (Depersonalisation, Derealisation) bleibt die Meinhaftigkeit meist erhalten. ☐ ☐

12. Parathymie und Paramimie gehören zu den affektiven Störungen. ☐ ☐

13. Als endogen werden traditionellerweise solche Störungen bezeichnet, die vor allem anlagebe-dingt sind und weder durch eindeutige körperli-che Erkrankungen noch durch eindeutige Belas-tungen oder Ereignisse im sozialen Umfeld des Erkrankten verursacht werden. ☐ ☐

14. Beim erotischen Beziehungswahn besteht wahnhafte Überzeugung, von der Partnerin betrogen zu werden. ☐ ☐

15. Die ICD-10 ist auch in USA das gültige Klassi-fikationssystem der Erkrankungen. ☐ ☐

16. Ich-Störungen sind durch eine starke Beein-trächtigung der Meinhaftigkeit gekennzeichnet. ☐ ☐

	Richtig	Falsch
17. Ein anderer Begriff für endogene Psychosen ist Variationen seelischen Erlebens.	☐	☐
18. Ein Kennzeichen des Wahns ist die fehlende Korrigierbarkeit der persönlichen Überzeugung.	☐	☐
19. Vergiftungswahn ist eine Form des Verfolgungswahns.	☐	☐
20. Olfaktorische Halluzinationen werden auch als Geschmackshalluzinationen bezeichnet, weil der Geschmackssinn betroffen ist.	☐	☐
21. Zwänge werden von der betroffenen Person in der Regel als unsinnig erkannt.	☐	☐
22. Photome sind akustische Halluzinationen, die als ungeformte Geräusche in Erscheinung treten.	☐	☐
23. Orientierungsstörungen sind immer ein dringender Hinweis auf das Vorliegen einer zerebralen Störung oder Schädigung.	☐	☐
24. Konfabulationen sind inhaltliche Lückenfüller, die bei Gedächtnisstörungen vom Patienten ergänzt werden, um den Gedächtnisausfall zu verbergen.	☐	☐
25. Der Begriff Mutismus bezeichnet eine motorische Regungslosigkeit im Zusammenhang mit einer psychischen Erkrankung.	☐	☐
26. Bei Gedankeneingebung und Gedankenentzug ist die Meinhaftigkeit gestört.	☐	☐
27. Chronische Zwänge gehen in über 50 Prozent aller Fälle in Wahnzustände über.	☐	☐

Lösungen

1. Falsch. Eine Pareidolie liegt vor, wenn Fantasiegebilde und tatsächliches Objekt gleichzeitig wahrgenommen werden.
2. Falsch. Auch bei anderen psychischen Störungen, beispielsweise Schizophrenie und Depression, gibt es Veränderungen, wenn auch in weniger deutlich.
3. Richtig. Ekmnesie bedeutet gestörtes Zeiterleben, Vergangenes wird für Gegenwart gehalten. Hypermnesie bezeichnet eine gesteigerte Erinnerungsfähigkeit.
4. Falsch. Die fehlenden Gefühlsregungen im sozialen Kontakt werden als leidvoll erlebt.
5. Falsch. Die Begriffe haben zwar nicht mehr die ursprüngliche Bedeutung, kommen aber in der ICD-10 mehrfach vor.
6. Falsch. Dysphorie liegt bei missmutiger, pessimistischer Stimmungslage vor.
7. Falsch. Die zeitliche Orientierung fällt meist zuerst aus, danach die situative und/oder örtliche und zuletzt die Orientierung zur Person (ZSOP).
8. Falsch. In Deutschland gilt überall die ICD-10.
9. Falsch. Somnolenz und Sopor sind quantitative Bewusstseinsstörungen, da vor allem die Vigilanz (Wachheit) beeinträchtigt ist.
10. Falsch. Auch Alzheimer-Patienten, Schizophrene und schwer Depressive profitieren von Psychotherapie.
11. Richtig. Entfremdungen sind Übergänge zu den Ich-Störungen. Betroffene betrachten Depersonalisation/ Derealisation jedoch meist nicht als von außen gemacht.
12. Falsch. Parathymie bedeutet, dass die affektive Äußerung nicht zu dem affektiven Erleben passt. Dieser Begriff gehört zu den affektiven Störungen. Paramimie bezeichnet die zur Affektivität unpassende Mimik und gehört damit zu den Antriebsstörungen.
13. Richtig. Endogen bedeutet anlagebedingt, exogen bezeichnet die körperliche Verursachung und psychogen den sozialen Einfluss.
14. Falsch. Erotischer Beziehungswahn (Liebeswahn) besteht in der Überzeugung, von einem bestimmten Menschen geliebt zu werden. Die wahnhafte Überzeugung, betrogen zu werden, heißt Eifersuchtswahn.
15. Falsch. In den USA gilt das DSM-IV.
16. Richtig. Ich-Störungen werden als von außen gemacht erlebt.
17. Falsch. Variationen seelischen Erlebens ist ein anderer Begriff für psychogene Störung.
18. Richtig. Erst bei unkorrigierbarer Überzeugung wird von Wahn gesprochen.
19. Richtig. Betroffene glauben, dass ihnen jemand nach dem Leben trachte und sie daher vergiften wolle.

20. Falsch. Olfaktorische Halluzinationen sind Geruchshalluzinationen. Geschmacks-halluzinationen werden gustatorisch genannt.

21. Richtig. Zwangskranke wissen, dass die Zwänge im Grunde unsinnig sind.

22. Falsch. Ungeformte Geräusche sind Akoasmen. Photome sind ungeformte optische Halluzinationen.

23. Richtig. Bei auftretenden Orientierungsstörungen muss daher unbedingt ein Arzt hinzugezogen werden.

24. Falsch. Konfabulationen sind Lückenfüller. Diese werden allerdings spontan und assoziativ eingebaut, fließen also ohne absichtliches Lügen mit ein.

25. Falsch. Mutismus bedeutet Wortkargheit. Regungslosigkeit wird Stupor genannt.

26. Richtig. Beides sind Ich-Störungen.

27. Falsch. Zwänge sind kein Wahn, auch keine Vorstufe.

6. Verknüpfungen beurteilen

Für die folgenden Behauptungen ist zu entscheiden, ob die Einzelaussagen jeweils stimmen und ob die Verknüpfung richtig ist, also ob die zweite die Begründung für die erste ist.

1. Gedankenentzug und Gedankeneingebung bezeichnet man als Ich-Störungen, ... weil ... bei beiden die Meinhaftigkeit schwer gestört bzw. aufgehoben ist.

Aussage 1 ist ....., Aussage 2 ist ....., Verknüpfung ist ..... !

2. Störungen der Affektivität werden auch psychomotorische Störungen genannt, ... weil ... die verlangsamte Motorik ein Hinweis auf eine Stimmungsstörung sein kann.

Aussage 1 ist ....., Aussage 2 ist ....., Verknüpfung ist ..... !

3. Wahn wird zu den inhaltlichen Denkstörungen gezählt, ... weil ... es darum geht, was der Betroffene denkt.

Aussage 1 ist ....., Aussage 2 ist ....., Verknüpfung ist ..... !

4. Depersonalisation und Derealisation werden als Entfremdungserlebnisse bezeichnet, ... weil ... im Gegensatz zu Ich-Störungen die Meinhaftigkeit erhalten sein kann.

Aussage 1 ist ....., Aussage 2 ist ....., Verknüpfung ist ..... !

5. Zeitgitterstörungen sind Wahrnehmungsstörungen, ... weil ... das Zeiterleben so beeinträchtigt sein kann, dass Vergangenes als Gegenwart erlebt wird.

Aussage 1 ist ....., Aussage 2 ist ....., Verknüpfung ist ..... !

6. Zeitliche beinhalten immer weitere Orientierungsstörungen, ... weil ... die zeitliche Orientierung in der Regel länger erhalten bleibt als die übrigen Bereiche.

Aussage 1 ist ....., Aussage 2 ist ....., Verknüpfung ist ..... !

7. Ideenflucht ist eine inhaltliche Denkstörung, ... weil ... die Denkinhalte bei der Ideenflucht ständig wechseln.

Aussage 1 ist ....., Aussage 2 ist ....., Verknüpfung ist ..... !

8. Die ICD-10 ist aus heutiger Sicht sinnvoller gegliedert als das triadische System, ... weil ... die ICD-10 eine ursächliche Zuordnung der Störungsbilder beinhaltet.

Aussage 1 ist ....., Aussage 2 ist ....., Verknüpfung ist ..... !

Lösungen

1. Beide Aussagen sind richtig. Die Verknüpfung ist korrekt.

   Außer den genannten Symptomen gehören Gedankenausbreitung und Willensbeeinflussung zu den Ich-Störungen. Gedankenlautwerden kann auch dazu gerechnet werden, obwohl es sich hier streng genommen um eine Halluzination (Wahrnehmungsstörung) handelt.

2. Aussage 1 ist falsch. Aussage 2 ist richtig.

   Die Verknüpfung ist falsch. Psychomotorische Störungen sind Antriebsstörungen. Störungen der Affektivität betreffen die Stimmungslage. Verlangsamte Motorik ist jedoch typisch für depressive Verstimmungen und daher durchaus ein Hinweis auf Affektstörungen.

3. Beide Aussagen sind richtig. Die Verknüpfung ist korrekt.

   Man unterscheidet inhaltliche Denkstörungen (Was denkt der Patient?) und formale (Wie denkt der Patient?).

4. Beide Aussagen stimmen. Die Verknüpfung ist korrekt.

   Betroffene fühlen sich zu ihrer eigenen Person und zur Umgebung merkwürdig distanziert. Es besteht das anhaltende Gefühl, neben sich selbst zu stehen. Hierbei ist die Meinhaftigkeit häufig erhalten. Es kann auch ein Übergangszustand zu einer Ich-Störung sein.

5. Aussage 1 ist falsch, Aussage 2 ist richtig. Die Verknüpfung ist falsch.

   Zeitgitterstörungen sind Orientierungsstörungen, die aus einer Gedächtnisstörung (Lücke) resultieren. Vergangenes kann aufgrund einer starken Gedächtnislücke von vielen Jahren als Gegenwart erlebt werden.

6. Beide Aussagen sind falsch. Die Verknüpfung ist unmöglich.

   Die zeitliche Orientierung fällt meist zuerst aus. Danach erst folgen die örtliche und situative, zuletzt die Orientierung zur Person.

7. Aussage 1 ist falsch. Aussage 2 ist richtig. Die Verknüpfung ist falsch.

   Ideenflüchtiges Denken betrifft den Denkablauf (Wie denkt der Patient?) und ist damit eine formale Denkstörung. Die Inhalte wechseln sehr schnell.

8. Aussage 1 ist richtig. Aussage 2 ist falsch. Die Verknüpfung ist falsch.

   Heute wird die ICD-10 als beschreibende Ordnung bevorzugt. Auf Ursachenzuschreibungen wurde zugunsten einer Sortierung nach ähnlichen Krankheitsanzeichen verzichtet.

7. Multiple Choice Fragen (Schriftliche Prüfung)

Die folgenden MC-Fragen sind typische Prüfungsfragen. Trainieren Sie diese vor allem unmittelbar vor der schriftlichen Überprüfung. Im Lösungsteil finden Sie neben den richtigen Antworten auch ausführliche Kommentare zu den falschen Antwortmöglichkeiten.

1 Einfachauswahl

Zu den formalen Denkstörungen gehört:

(A) Gedankenlautwerden
(B) Gedankenentzug
(C) Assoziativ gelockertes Denken
(D) Gedankenausbreitung
(E) Kommentierende Stimmen

2 Mehrfachauswahl

Zu den formalen Denkstörungen zählen:

Wählen Sie zwei Antworten!

(A) Neologismen
(B) Ich-Erlebnis-Störungen
(C) Gedanken-Lautwerden
(D) Beeinflussungserleben
(E) Perseveration

3 Einfachauswahl

Zu den inhaltlichen Denkstörungen zählt man:

(A) die Denkzerfahrenheit
(B) den primären Wahn
(C) dialogische Stimmen
(D) illusionäre Verkennungen
(E) das Gedankenabbrechen

4 Einfachauswahl

Der Gedankenentzug bei schizophrenen Patienten gehört zu welcher Gruppe von Störungen?

(A) Antriebsstörungen
(B) Formale Denkstörungen
(C) Affektstörungen
(D) Ich-Störungen
(E) Gedächtnisstörungen

5 Aussagenkombination

Welche der folgenden Aussagen trifft (treffen) zu? Ein Déjà-vu-Erlebnis ist gekennzeichnet durch

(1) Gefühl, etwas schon einmal gesehen zu haben
(2) Ablaufen des eigenen "Lebensfilms" in ganz kurzer Zeit
(3) Empfindung, als schaue man sich selbst zu, wie man im Leben handelt

(A) Nur die Aussage 1 ist richtig
(B) Nur die Aussage 2 ist richtig
(C) Nur die Aussage 3 ist richtig
(D) Nur die Aussagen 1 und 3 sind richtig
(E) Nur die Aussagen 2 und 3 sind richtig

6 Einfachauswahl

Zu welcher Gruppe von Störungen gehört die Gedankenausbreitung?

(A) Affektstörungen
(B) Ich-Störungen
(C) Formale Denkstörungen
(D) Gedächtnisstörungen
(E) Inhaltliche Denkstörungen

7 Einfachauswahl

Auf die Frage, ob er traurig sei, bricht der Patient sofort in Tränen aus. Auf welche Affektstörung deutet dieses Verhalten am ehesten hin?

(A) Euphorie
(B) Deprimiertheit
(C) Gefühl der Gefühllosigkeit
(D) Affektinkontinenz
(E) Ambivalenz

8 Aussagenkombination

Zu den inhaltlichen Denkstörungen zählt (zählen):

(1) Hemmung des Denkens
(2) Vorbeireden
(3) Inkohärenz
(4) Wahnideen
(5) Ideenflüchtigkeit

(A) Nur die Aussage 4 ist richtig
(B) Nur die Aussagen 1 und 2 sind richtig
(C) Nur die Aussagen 4 und 5 sind richtig
(D) Nur die Aussagen 2, 3, 5 sind richtig
(E) Alle Aussagen sind richtig

9 Einfachauswahl

Unter einer Störung der Vitalgefühle bei affektiven Störungen versteht man in erster Linie

(A) Suizidassoziierte Handlungen oder Denkweisen
(B) Leibliche Befindlichkeitsstörungen
(C) Denkhemmungen
(D) Störungen des Selbstwertgefühls
(E) Ängstlichkeit

10 Aussagenkombination

Welche der folgenden Aussagen treffen zu? Zu den quantitativen Bewusstseinsstörungen zählen:

(1) Bewusstseinseinengung
(2) Somnolenz
(3) Sopor
(4) Koma
(5) Bewusstseinsverschiebung

(A) Nur die Aussagen 1 und 2 sind richtig
(B) Nur die Aussagen 1 und 5 sind richtig
(C) Nur die Aussagen 1, 2, 3 sind richtig
(D) Nur die Aussagen 2, 3, 4 sind richtig
(E) Alle Aussagen sind richtig

11 Aussagenkombination

Welche der folgenden Aussagen zur Gefühlswelt beim Derealisations- und/oder Depersonalisationssyndrom sind richtig?

(1) Der eigene Körper wird als unwirklich erlebt
(2) Die Patienten klagen unter anderem über den Verlust von Emotionen, das Abgetrenntsein von ihren Gedanken von der realen Welt
(3) Überzeugung, an einer schweren Krebserkrankung zu leiden
(4) Es besteht keine Krankheitseinsicht
(5) Die Patienten sind sich der Unwirklichkeit der Veränderungen bewusst

(A) Nur die Aussagen 1 und 4 sind richtig
(B) Nur die Aussagen 2 und 4 sind richtig
(C) Nur die Aussagen 1, 3, 4 sind richtig
(D) Nur die Aussagen 1, 2, 5 sind richtig
(E) Nur die Aussagen 1, 2, 3, 5 sind richtig

12 Einfachauswahl

Ein psychotischer Patient berichtet: "Ich kann meine eigenen Gedanken hören, sie sprechen mit mir. Das ist furchtbar störend". Es handelt sich psychopathologisch am ehesten um:

(A) Gedankeneingebung
(B) Zönästhesien
(C) Ideenflucht
(D) Gedankenlautwerden
(E) Gedankenausbreitung

13 Einfachauswahl

Hinsichtlich der chronischen taktilen Halluzinose (Dermatozoenwahn) trifft zu:

(A) Es handelt sich um die häufigste chronische Wahnerkrankung
(B) Bei einem erheblichen Teil der Fälle handelt es sich um ältere Menschen
(C) Das Krankheitsbild betrifft fast ausschließlich Männer
(D) In der Regel besteht eine schwere Bewusstseinsstörung
(E) Das Krankheitsbild geht zumeist mit einer Alzheimer-Demenz einher.

14 Einfachauswahl

Für welche der nachstehenden Erkrankungen trifft die folgende Aussage am ehesten zu? Kognitive Störungen sind ein Hauptmerkmal

(A) schizophrener Erkrankungen
(B) manischer Erkrankungen
(C) depressiver Erkrankungen
(D) hirnorganischer Erkrankungen
(E) neurotischer Erkrankungen

15 Aussagenkombination

Zu den formalen Denkstörungen zählen:

(1) Denkhemmung
(2) Zerfahrenheit
(3) Logorrhö
(4) Halluzinationen
(5) Ideenflüchtigkeit

(A) Nur die Aussagen 1 und 4 sind richtig
(B) Nur die Aussagen 1 und 3 sind richtig
(C) Nur die Aussagen 2, 4 und 5 sind richtig
(D) Nur die Aussagen 1, 2 und 5 sind richtig
(E) Alle Aussagen sind richtig

16 Einfachauswahl

Bei den Zönästhesien handelt es sich in erster Linie um:

(A) Manisch-depressive Stimmungslagen
(B) Bestimmte Leibgefühlsstörungen
(C) Komplexe visuelle Halluzinationen
(D) Phänomene der Gedankenbeeinflussung
(E) Chronische Störungen des Affektes

17 Einfachauswahl

Welche Aussage trifft zu? Zu den inhaltlichen Denkstörungen zählt man:

(A) Denkzerfahrenheit
(B) Primärer Wahn
(C) Dialogische Stimmen
(D) Illusionäre Verkennungen
(E) Gedankenabbrechen

18 Einfachauswahl

Welche Aussage trifft zu? Der Gedankenentzug bei schizophrenen Patienten zählt zu welcher Gruppe von Störungen?

(A) Antriebsstörungen
(B) Formale Denkstörungen
(C) Affektstörungen
(D) Ich-Störungen
(E) Gedächtnisstörungen

19 Aussagenkombination

Wobei handelt es sich um Wahrnehmungsstörungen?

(1) Pareidolie
(2) illusionäre Verkennung
(3) Somnolenz
(4) Wahnwahrnehmung
(5) Pseudohalluzination

(A) Nur die Aussagen 1 und 2 sind richtig
(B) Nur die Aussagen 1 und 4 sind richtig
(C) Nur die Aussagen 1, 2 und 4 sind richtig
(D) Nur die Aussagen 1, 2 und 5 sind richtig
(E) Alle Aussagen sind richtig

20 Einfachauswahl

Wobei handelt es sich um eine quantitative Bewusstseinsstörung?

(A) Demenz
(B) Bewusstseinseintrübung
(C) Oligophrenie
(D) Sopor
(E) Stupor

Lösung zu 1: C

(A) Falsch: Gedankenlautwerden bedeutet, dass der Patient seine eigenen Gedanken hört, als würden sie von einem anderen gesprochen. Damit verbunden glaubt er, alle anderen Menschen würden diese Gedanken auch hören. Es handelt sich um eine Wahrnehmungsstörung (Halluzination), die jedoch auch manchmal zu den Ich-Störungen gezählt wird, weil die Grenze zwischen Ich und Umwelt verloren geht.

(B) Falsch: Beim Gedankenentzug hat der Betroffene das Gefühl, von außen würden seine Gedanken aus seinem Kopf gezogen. Das ist eine Ich-Störung!

(C) Richtig: Beim formalen Denken ist die Art des Denkens gestört. Assoziativ gelockert bedeutet, dass der Zusammenhang des Gedankengangs nicht mehr voll gegeben ist. Mit dem Fachbegriff nennt man das Zerfahrenheit oder Inkohärenz.

(D) Falsch: Gedankenausbreitung gehört zu den Ich-Störungen. Die Grenze zwischen Ich und Umwelt geht verloren.

(E) Falsch: Kommentierende Stimmen gehören ganz klar zu den Halluzinationen. Es liegt eine Sinneswahrnehmung ohne tatsächlichen Sinnesreiz vor. Damit verbunden sind oft Wahnerlebnisse.

Lösung zu 2: A, E

(A) Richtig: Neologismen sind Wortneuschöpfungen, also Wörter, die es eigentlich nicht gibt, die aber vom Patienten wie selbstverständlich benutzt werden. Das können Silbenzusammensetzungen tatsächlicher Wörter sein, die jedoch zusammen keinen Sinn ergeben. Das kommt bei starker Zerfahrenheit vor. Bei Schizophrenen gehört dieses Phänomen im Zuge eines Sprachzerfalls (Schizophasie) zu den typischen Beobachtungen.

(B) Falsch: Bei den Ich-Störungen besteht das Gefühl, von außen beeinflusst zu werden. Das zeigt sich als Gedankenentzug, Gedankenausbreitung und Willensbeeinflussung. Bei formalen Denkstörungen ist der Ablauf des Denkprozesses gestört (Geschwindigkeit, Zusammenhang).

(C) Falsch: Die eigenen Gedanken zu hören gehört in den Bereich der Halluzinationen. Hier liegt keine Denkstörung sondern eine Wahrnehmungsstörung/Ich-Störung vor.

(D) Falsch: Beeinflussungserlebnisse sind durch das von außen Gemachte gekennzeichnet. Der Patient glaubt, von anderen oder einer unbekannten Macht beeinflusst zu werden. Hier liegt eine Ich-Störung vor.

(E) Richtig: Perseveration bezeichnet das inhaltliche Haften an Gedanken. Betroffene kreisen gedanklich immer wieder um dieselbe Sorge oder Befürchtung. Hier ist der Ablauf des Gedankengangs verändert, es liegt also eine formale Denkstörung vor.

Lösung zu 3: B

(A) Falsch: Denkzerfahrenheit (Inkohärenz) bedeutet, dass der Zusammenhang der Gedanken nicht mehr voll gegeben ist. Es handelt sich um eine formale Denkstörung.

(B) Richtig: Zwang und Wahn sind inhaltliche Denkstörungen.

(C) Falsch: Dialogische Stimmen kommen vor allem bei Schizophrenie vor. Es handelt sich um Halluzinationen.

(D) Falsch: Bei der illusionären Verkennung (Illusion) wird ein tatsächliches Objekt wahrgenommen (Unterschied zu Halluzination), das allerdings für etwas anderes gehalten wird. Die Wahrnehmung wird also falsch interpretiert. Ist diese Falschinterpretation nicht korrigierbar, besteht also subjektive Gewissheit, dass die Interpretation richtig ist, so liegt Wahn vor.

(E) Falsch: Gedankenabbrechen ist eine formale Denkstörung, da der Verlauf des Denkvorganges unterbrochen wird.

Lösung zu 4: D

(A) Falsch: Störungen des Antriebes zeigen sich im motorischen Verhalten. Erregung oder Starre kommen als auffällige Symptome infrage, bei extremen Zuständen der schizophrene Stupor als völlig Regungslosigkeit.

(B) Falsch: Bei formalen Denkstörungen ist der Ablauf des Denkens beeinträchtigt. Für Schizophrenie typisch ist die Zerfahrenheit (Inkohärenz). Dabei geht der Zusammenhang des Denkens verloren, es kommt zu Wortneuschöpfungen (Neologismen) und Störungen der Sprache als Paragrammatismus bis hin zum Sprachzerfall (Schizophasie).

(C) Falsch: Affektstörungen sind Störungen der Stimmungslage oder der Mitschwingungsfähigkeit, also der Anpassung der Stimmungslage an die Inhalte des Geschehens. Affektarmut und Affektverflachung sind typisch bei Schizophrenie.

(D) Richtig: Bei Ich-Störungen ist die Grenze zwischen Ich und Umwelt durchlässig. Betroffene haben dabei das Gefühl des von außen Gemachten. Sie sind sich also sicher, von einer unbekannten Macht oder von bestimmten Personen beeinflusst zu werden.

Beim Gedankenentzug hat der Betroffene das Gefühl, seine Gedanken würden aus seinem Kopf herausgezogen. Andere Ich-Störungen sind Gedankeneingebung und Willensbeeinflussung.

(E) Falsch: Bei Gedächtnisstörungen ist die Merkfähigkeit oder die Fähigkeit des Abrufens von Erinnerungen beeinträchtigt. Amnesien (Gedächtnislücken) und Paramnesien (verfälschte Erinnerungen) können unterschieden werden. Sie sind nicht typisch für Schizophrenie.

Lösung zu 5: A

(1) Richtig: Déjà-vu-Erlebnisse sind auch aus dem normalpsychischen Erleben bekannt. Es handelt sich nicht unbedingt um ein Krankheitsanzeichen.

(2) Falsch: Solche Wahrnehmungen werden bei Nahtodereignissen berichtet. Dabei werden tatsächliche Erinnerungen in Bildern wahrgenommen. Beim Déjà-vu läuft gerade eine Wahrnehmung ab, wobei die betreffende Person das Gefühl hat, genau die Szene schon einmal gesehen zu haben, ohne davon überzeugt zu sein, dass sie tatsächlich schon einmal passiert ist.

(C) Falsch: Ein solches Gefühl entspricht der Depersonalisation, bei der das Gefühl der Selbstentfremdung besteht.

Lösung zu 6: B

(A) Falsch: Affektstörungen sind Störungen der Stimmungslage und kommen als Niedergeschlagenheit bis hin zur schweren depressiven Verstimmung oder als Euphorie bis zur ausgeprägten Manie vor.

(B) Richtig: Bei der Gedankenausbreitung geht die Grenze zwischen Ich und Umwelt verloren. Der Realitätsbezug ist schwer beeinträchtigt, denn es liegt die subjektive Überzeugung vor, dass andere Menschen die eigenen Gedanken lesen könnten. Es handelt sich daher um eine Ich-Störung, ebenso bei Gedankenentzug, Gedankeneingebung und Willensbeeinflussung.

(C) Falsch: Bei formalen Denkstörungen ist der Gedankenablauf in Geschwindigkeit oder im Zusammenhang gestört. Zerfahrenheit, Ideenflucht, Denkhemmung und Gedankenabreißen sind Beispiele.

(D) Falsch: Gedächtnisstörungen liegen vor, wenn die Fähigkeit des Abspeicherns von Inhalten oder des Erinnerns beeinträchtigt sind. Das ist bei Amnesien der Fall.

(E) Falsch: Bei den inhaltlichen Denkstörungen ist das Ergebnis des Denkprozesses abnorm verändert. Wahn und Zwang gehören zu den inhaltlichen Denkstörungen.

Lösung zu 7: D

(A) Falsch: Euphorie ist eine unangemessene Hochstimmung, typischerweise bei Manien zu beobachten.

(B) Falsch: Eine deprimierte Grundstimmung kann natürlich vorliegen, damit wird aber nicht das beschriebene Phänomen bezeichnet. Deprimiertheit führt nicht unbedingt zu einem unerwarteten Tränenausbruch.

(C) Falsch: Beim Gefühl der Gefühllosigkeit erlebt der Betroffene sich als fast emotional regungslos. Nichts scheint ihn freuen zu können, keine Wahrnehmung und kein Ereignis kann den Zustand einfach verändern. Allerdings ist er nicht ganz gefühllos, denn er erlebt diesen Zustand als leidvoll. Weinen würde ein solcher Patient aber nicht.

(D) Richtig: Inkontinenz bedeutet, nicht zurückhalten zu können. Der Begriff ist den meisten Laien im Zusammenhang mit der Urininkontinenz bekannt. So lässt er sich auch ganz gut merken. Hier geht es nur um Tränen anstatt Urin.

(E) Falsch: Ambivalenz ist das unentschlossene Pendeln zwischen zwei Gefühlsinhalten, das ein entschlossenes Handeln erschwert oder unmöglich macht. Die Person im Beispiel pendelt nicht zwischen Trauer und Nicht-Trauer, sondern kann ihre Gefühle nicht ausreichend unter Kontrolle halten.

Lösung zu 8: A

(A) Falsch: Bei Denkhemmungen ist das Tempo des Gedankenablaufes verändert. Es handelt sich um eine formale Denkstörung.

(B) Falsch: Vorbeireden bedeutet, inhaltlich unpassende Antworten zu geben. Das ist aber keine inhaltliche Denkstörung, sondern ebenfalls eine formale Denkstörung.

(C) Falsch: Inkohärenz ist ein gleichbedeutender Begriff zu Zerfahrenheit. Die Zusammenhänge des Denkens gehen dabei verloren. Einzelne Gedankenstücke stehen unzusammenhängend nebeneinander. Es handelt sich daher um eine formale Denkstörung.

(D) Richtig: Wahn und Zwang sind die inhaltlichen Denkstörungen. Das Ergebnis des Denkvorganges ist hier abnorm.

(E) Falsch: Ideenflüchtigkeit liegt bei schnellem Wechsel von Gedankeninhalten vor, wobei immer neue Ideen aufkommen und gedanklich kurz verfolgt werden. Das ist eine formale Denkstörung.

Lösung zu 9: B

(A) Falsch: Der Begriff "Vitalgefühl" enthält zwar die Wortbedeutung Leben (vita), hat aber nichts mit Suizid zu tun. Es geht hier um die Vitalität, also die Frische und Kraft eines Menschen.

(B) Richtig: Die leibliche (körperliche) Befindlichkeit ist bei Vitalgefühlsstörungen verändert. Es fehlt die Frische und Dynamik, Betroffene fühlen sich matt und schwach. Das ist typisch für depressive Zustände.

(C) Falsch: Denkhemmungen gehören zu den formalen Denkstörungen. Sie kommen ebenfalls bei Depressiven vor und liegen damit oft gleichzeitig zu Vitalgefühlsstörungen vor. Es ist aber nicht dasselbe.

(D) Falsch: Gefühle des mangelnden Selbstwertes gehören ebenfalls zur depressiven Symptomatik. Dabei geht es aber um den Wert der eigenen Person, nicht um die Energie.

(E) Falsch: Ängste sind mit körperlichen Symptomen verbunden. Diese kommen als Herzrasen, Schwitzen oder Zittern zum Ausdruck. Die Vitalität ist dabei nicht gestört, das persönliche Befinden und Wohlgefühl schon.

Lösung zu 10: D

(1) Falsch: Bei der Bewusstseinseinengung ist die Wachheit (Vigilanz) nicht stark beeinträchtigt. Es liegt eher eine Fokussierung auf bestimmte Wahrnehmungsinhalte vor. Es handelt sich daher um eine qualitative Bewusstseinsstörung.

(2) Richtig: Somnolenz bedeutet Schläfrigkeit, wobei der Patient durch lautes Ansprechen geweckt werden kann, danach wieder abgleitet. Die Wachheit ist beeinträchtigt, daher liegt eine quantitative Bewusstseinsstörung vor.

(3) Richtig: Auch beim Sopor ist die Vigilanz eingeschränkt. Ein Patient in diesem Zustand kann nicht mehr durch Ansprechen geweckt werden sondern nur durch starke Weckreize (Schütteln). Er gleitet sofort wieder ab.

(4) Richtig: Koma ist eine Bewusstseinsstörung, bei der der Patient nicht mehr weckbar ist. Außerdem können vegetative Funktionen beeinträchtigt sein.

(5) Falsch: Bewusstseinsverschiebung wird auch Bewusstseinserweiterung genannt. Farben werden intensiver wahrgenommen, Licht heller etc. Hierbei handelt es sich um eine qualitative Bewusstseinsstörung.

Lösung zu 11: D

(1) Richtig: Eine Äußerung wie "Ich bin nicht ganz ich selbst" passt zu diesem Syndrom. Sich selbst als mechanisch zu erleben ist typisch.

(2) Richtig: Die Selbstentfremdung ist Kennzeichen der Depersonalisation. Derealisation bedeutet, das Gefühl zu haben, nicht richtig in der Situation da zu sein. Beides kommt meist gemeinsam vor.

(3) Falsch: Die Überzeugung, an einer Krankheit zu leiden, die nicht wirklich vorhanden ist, wird als hypochondrische Störung bezeichnet. Bei Wahnstörungen oder als somatoforme Störung kommt das vor.

(4) Falsch: Depersonalisation und Derealisation gehören zu den Entfremdungserlebnissen. Diese werden oft in einem Atemzug mit den Ich-Störungen genannt oder sogar als solche bezeichnet. Sicherlich sind es oft Übergänge zu Ich-Störungen. Die Meinhaftigkeit bleibt bei diesen Syndromen jedoch erhalten. Betroffene erleben die Veränderungen als von Innen kommend und zur eigenen Person gehörend.

(5) Richtig: Etwas unschön ausgedrückt, denn Erleben ist ja nicht unwirklich. Gemeint ist natürlich, dass die Betroffen sich bewusst sind, dass es keine Einflüsse von außen gibt und dass etwas mit ihnen nicht stimmt, also etwas krankhaft verändert ist.

Lösung zu 12: D

(A) Falsch: Bei Gedankeneingebung besteht das Gefühl, Gedanken würden von außen in den Kopf gegeben, die nicht die eigenen sind.

(B) Falsch: Zönästhesien sind Leibgefühlsstörungen, beispielsweise das Gefühl wandernder Organe oder sich bewegender Steine im Bauch.

(C) Falsch: Bei der Ideenflucht werden viele Gedankengänge in schnellem Wechsel und ohne Übergänge produziert. Diese werden nur kurz verfolgt. Durch ständige Assoziation entstehen immer neue Gedanken.

(D) Richtig: Wenn ein Patient die eigenen Gedanken hört, was häufig bei Schizophrenie der Fall ist, so werden seine Gedanken in seiner Wahrnehmung laut, daher ist die Bezeichnung Gedankenlautwerden richtig.

(E) Falsch: Bei der Gedankenausbreitung hat der Patient das Gefühl, seine Gedanken wären anderen Menschen bekannt, sie könnten die eigenen Gedanken lesen bzw. wüssten, was er denkt. Die eigenen Gedanken kann der Patient aber nicht hören und er glaubt auch nicht, dass andere das können.

Lösung zu 13: B

(A) Falsch: Der häufigste Wahn ist der sensitive Beziehungswahn also die Vorstellung, dass alle Handlungen der Mitmenschen auf die eigene Person ausgerichtet seien. Dermatozoenwahn ist die Vorstellung, an Krankheitserregern oder Tieren, die in die Haut eingedrungen seien, zu leiden.

(B) Richtig: Diese Wahnform kommt nicht ausschließlich aber doch besonders häufig bei alten Menschen vor.

(C) Falsch: Frauen sind insgesamt häufiger betroffen, wobei die Häufigkeit nach den Wechseljahren stark ansteigt.

(D) Falsch: Dermatozoenwahn kann als Kennzeichen einer Wahnerkrankung auftreten, wobei das Bewusstsein unbeeinträchtigt bleibt. Er kann auch als Symptom organischer Psychosen auftreten aber auch dann ist die Bewusstseinsstörung kein Kriterium.

(E) Falsch: Diese Symptomatik hat nichts mit Demenzen zu tun. Die Intellektualität und das Gedächtnis sind nicht gestört. Der Abbau des Gehirns bei Alzheimer-Demenz produziert viele psychische Symptome. Dermatozoenwahn gehört aber nicht zu den typischen Symptomen. Andere Wahnformen übrigens auch nicht.

Lösung zu 14: D

(A) Falsch: Hauptkennzeichen der Schizophrenie sind produktive Symptome wie Halluzinationen, Wahn und Ich-Störungen. Schizophrene leiden nicht an kognitiven Störungen; diese Fähigkeiten bleiben weitgehend ohne Beeinträchtigung.

(B) Falsch: Merkmale manischer Erkrankungen sind affektive Störungen in Form von Euphorie sowie formale Denkstörungen (Ideenflucht) und teilweise Wahnerlebnisse (Größenwahn).

(C) Falsch: Bei Depressionen sind affektive Störungen in Form der niedergedrückten Stimmung im Vordergrund.

(D) Richtig: Hirnorganische Krankheiten kommen in akuter Form (Delir) und in chronischer Form (Demenz) vor. Bei beiden Varianten sind die kognitiven Fähigkeiten deutlich gestört.

(E) Falsch: Bei neurotischen Störungen ist das Erleben und Verhalten gestört, wobei der Realitätsbezug erhalten bleibt und die kognitiven Funktionen ohne Beeinträchtigung bleiben.

Lösung zu 15: D

(1) Richtig: Denkhemmung ist eine formale Denkstörung, da der Ablauf des Denkens gestört ist.

(2) Richtig: Zerfahrenheit, die auch Inkohärenz genannt wird, ist ebenfalls eine formale Denkstörung, da der Ablauf des Denkens gestört ist.

(3) Falsch: Der übermäßige Rededrang (Logorrhö) gehört zu den Antriebsstörungen, in diesem Fall ein Antriebsüberschuss.

(4) Falsch: Halluzinationen gehören zu den Wahrnehmungsstörungen. Es handelt sich um Wahrnehmungen ohne tatsächlichen Sinnesreiz.

(5) Richtig: Ideenflüchtigkeit ist durch schnellen inhaltlichen Wechsel von kurzen Gedankengängen gekennzeichnet. Von einem Gedanken wird zum anderen gesprungen, ohne Zusammenhang und ohne einen Gedanken zu Ende zu führen.

Lösung zu 16: B

(A) Falsch: Manisch-depressive Stimmungslagen kommen in ausgeprägter und anhaltender Form überwiegend bei affektiven Störungen vor. Zönästhesien sind typisch für Schizophrenie.

(B) Richtig: Es liegen bizarre Körpergefühle vor, beispielsweise das Gefühl versteinerter oder mit Gold überzogener Organe oder wandernder Steine im Bauch.

(C) Falsch: Visuelle Halluzinationen liegen vor, wenn der Patient Objekte oder Szenen sieht, die nicht wirklich vorhanden sind. Er erlebt also eine visuelle (optische) Wahrnehmung ohne Sinnesreizung. Bei Zönästhesien liegt ebenfalls eine Wahrnehmung vor,

die ohne tatsächliche Sinnesreizung stattfindet. Hier handelt es sich aber um den taktilen (haptischen) Bereich.

(D) Falsch: Gedankenbeeinflussung kommt ebenfalls bei Schizophrenie vor. Damit wird der Eindruck beschrieben, die eigenen Gedanken würden von außen gesteuert oder verändert. Das ist bei Zönästhesien nicht der Fall. Die Veränderung scheint im Körper zu sein.

(E) Falsch: Chronische Störungen des Affektes, also der Stimmungslage, die keine depressive oder manische Phase sind, sondern über mehrere Jahre andauern, werden als Zyklothymia bezeichnet, wenn ein Wechsel zwischen leicht gehobener und leicht gedrückter Stimmung vorliegt und als Dysthymia, wenn eine andauernde leichte Niedergeschlagenheit vorliegt.

Lösung zu 17: B

(A) Falsch: Zerfahrenheit gehört zu den formalen Denkstörungen, weil die Art des Gedankenablaufes gestört ist. Die Gedanken stehen unzusammenhängend nebeneinander.

(B) Richtig: Wahn und Zwang gehören zu den inhaltlichen Denkstörungen. Das Ergebnis des Denkprozesses ist abnorm verändert.

(C) Falsch: Beim Stimmenhören handelt es sich um akustische Halluzinationen. Außer dialogischen gibt es kommentierende und imperative (befehlende) Stimmen, typischerweise bei schizophrenen Psychosen.

(D) Falsch: Illusionäre Verkennungen sind Wahrnehmungsstörungen. Es liegt eine Falschinterpretation einer Wahrnehmung vor, die korrigierbar sein kann oder auch wahnhaften Charakter annehmen kann. Bei der illusionären Personenverkennung eines deliranten Patienten werden beispielsweise fremde Personen für bekannte gehalten und umgekehrt.

(E) Falsch: Das Abbrechen der Gedanken, das auch Gedankenabreißen genannt wird, gehört zu den formalen Denkstörungen, weil auch hier der Gedankenfluss gestört ist.

Lösung zu 18: D

(A) Falsch: Antriebsstörungen zeigen sich durch gesteigerte oder reduzierte psychomotorische Aktivität. Rededrang (Logorrhö) und Erregung bis hin zur Tobsucht (Raptus) kommen als gesteigerte Antriebe bei schizophrenen Patienten vor, Mutismus (Wortkargheit) und verlangsamte Köperaktivität bis hin zum Stupor (Regungslosigkeit) als reduzierte Antriebe.

(B) Falsch: Formale Denkstörungen sind Beeinträchtigungen des Gedankenablaufes, beispielsweise Gedankenabreißen, Zerfahrenheit. Sie haben nicht den Charakter des von außen Gemachten, was beim Gedankenentzug der Fall ist.

(C) Falsch: Affektstörungen sind Stimmungsveränderungen.

(D) Richtig: Der Gedankenentzug ist durch das Gefühl geprägt, die eigenen Gedanken würden von außen weggenommen. Der vermeintliche Fremdeinfluss spielt hier eine große Rolle. Damit geht die Grenze zwischen dem eigenen Ich und der Umgebung verloren, der Realitätsbezug löst sich auf. Außer dem Entzug gibt es noch Gedankeneingebung, Willensbeeinflussung, Gedankenausbreitung und Gedankenlautwerden.

(E) Falsch: Gedächtnisstörungen (Amnesie, Paramnesie) liegen vor, wenn die Fähigkeit des Abspeicherns von Wahrnehmungs- und Bedeutungsinhalten oder die Fähigkeit des Erinnerns früher gespeicherter Inhalte gestört ist.

Lösung zu 19: D

(1) Richtig: Eine Pareidolie liegt vor, wenn etwas Nicht-Vorhandenes in etwas Vorhandenes „hineingesehen" wird, wenn beispielsweise eine Teufelsfratze im Muster des Teppichs erkannt wird.
(2) Richtig: Auch hierbei handelt es sich um eine Wahrnehmungsstörung. Bei der Illusion wird etwas gesehen, das tatsächlich da ist, doch es wird für etwas anderes gehalten. Bei der Halluzination wird etwas gesehen, obwohl nichts da ist.
(3) Falsch: Somnolenz ist eine Bewusstseinsstörung. Der Patient ist sehr schläfrig und muss durch lautes Ansprechen immer wieder geweckt werden.
(4) Falsch: Eine Wahnwahrnehmung ist ein Wahnsymptom. Es steckt zwar das Wort „Wahrnehmung" drin, doch hier wird etwas Vorhandenes nicht für etwas anderes gehalten, sondern in seiner Bedeutung falsch interpretiert.
(5) Richtig: Eine Pseudohalluzination ist eine kurzzeitige Halluzination, die aber als falsche Wahrnehmung (Trugwahrnehmung) erkannt wird und sich auflöst.

Lösung zu 20: D

(A) Falsch: Demenz ist kein Symptom sondern eine Diagnose. Das Bewusstsein ist bei Demenz grundsätzlich klar. Es treten im Verlauf auch Zustände mit eingetrübtem Bewusstsein auf, dann allerdings lautet die zumindest zeitweilige Diagnose Delir bei Demenz.
(B) Falsch: Bewusstseinseintrübung ist neben Bewusstseinserweiterung und Bewusstseinseinengung eine qualitative Bewusstseinsstörung.
(C) Falsch: Oligophrenie ist der frühere (und heute teilweise noch gebräuchliche) Begriff für angeborene Intelligenzminderung.
(D) Richtig: Der Patient ist so schläfrig, dass er immer wieder einschläft und nur durch starke Weckreize wie Rütteln oder eine Ohrfeige geweckt werden kann. Andere quantitative Bewusstseinsstörungen sind Benommenheit, Somnolenz, Präkoma und Koma.
(E) Falsch: Stupor ist ein Zustand der Körperstarre, der bei schizophrenen Patienten vorkommen kann. Es handelt sich hierbei um eine Antriebsstörung.

8. Mündliche Prüfungsfragen

Die folgenden Fragen sind typische Prüfungsfragen aus dem mündlichen Teil der Überprüfung. Wir haben die Beispielantworten „prüfungstauglich" formuliert. Sowohl der Aufbau der Antworten als auch die Länge und die verwendeten Begriffe entsprechen geeigneten Formulierungen für die Überprüfungssituation. Lernen Sie die Antworten jedoch bitte nicht auswendig. Achten Sie darauf, frei zu formulieren.

1. Welche Formen von Bewusstseinsstörungen kennen Sie und in welchem Zusammenhang kommen diese vor?

2. Erläutern Sie die verschiedenen Ausprägungsgrade der quantitativen Bewusstseinsstörungen und grenzen Sie diese gegeneinander ab!

3. Welche qualitativen Bewusstseinsstörungen kennen Sie?

4. Welche Orientierungsstörungen sind Ihnen bekannt? Wie gehen Sie mit solchen Erscheinungen in Ihrer Praxis um?

5. Wie können Amnesien weiter eingeteilt werden?

6. Was wissen Sie über Denkzerfahrenheit?

7. Mit welchen formalen Denkstörungen rechnen Sie bei einer schweren Depression?

8. Zwangsgedanken können mitunter sehr bizarr sein. Könnte man Zwänge als Vorstufen des Wahns bezeichnen?

9. Erläutern Sie den Begriff "Wahnsystem" bzw. "systematisierter Wahn"!

10. Welche Formen des Beziehungswahns kennen Sie?

11. Unterscheiden Sie Eifersuchtswahn und Liebeswahn!

12. Welche Formen akustischer Halluzinationen sind Ihnen bekannt? In welchem Zusammenhang kommen diese vor?

13. Was versteht man unter Zönästhesien?

14. Erläutern Sie die Unterschiede zwischen Halluzination, Pseudohalluzination, Illusion und Pareidolie anhand von Beispielen!

15. Ein Kind im Fieber hält einen Teddy für ein Monster. Erst nachdem es ihn wieder im Arm hält, erkennt es ihn als Teddy. Um welches psychopathologische Symptom handelt es sich hierbei?

16. Was versteht man unter Ich-Störungen? Geben Sie Beispiele!

17. Erläutern Sie den Begriff "Automatismus" und geben Sie an, bei welcher Erkrankung solche Phänomene vorkommen!

18. Ein Klient in Ihrer Praxis berichtet von verschiedenen Ereignissen, die mit unterschiedlichen Stimmungen verbunden waren. Er macht dabei einen schwermütigen und missmutigen Eindruck, verändert die Gefühlslage nur wenig, obwohl die erzählten Gefühle sehr unterschiedlich waren. Welche Schlussfolgerungen ziehen Sie daraus?

Mündliche Fragen mit Lösungsvorschlägen

1. **Welche Formen von Bewusstseinsstörungen kennen Sie und in welchem Zusammenhang kommen diese vor?**

Grundsätzlich kann man quantitative Bewusstseinsstörungen von den qualitativen unterscheiden. Bei den quantitativen ist die Vigilanz, d. h. die Wachheit des Patienten beeinträchtigt. Je nach Schweregrad liegt Benommenheit, Somnolenz, Sopor oder ein komatöser Zustand vor. Ist die Bewusstseinsklarheit oder das Ich-Bewusstsein gestört, so liegt eine qualitative Bewusstseinsstörung vor. Es gibt auch Zustände, bei denen beide Bereiche beeinträchtigt sind, z. B. beim Delirium tremens, dem Alkoholentzugsdelir. Bewusstseinsstörungen haben immer zerebrale Ursachen. Ein sofortiges Einschreiten eines Arztes ist daher immer erforderlich. Medikamente, Drogen, Vergiftungen, Gehirnerschütterungen und Durchblutungsstörungen sind Beispiele.

2. **Erläutern Sie die verschiedenen Ausprägungsgrade der quantitativen Bewusstseinsstörungen und grenzen Sie diese gegeneinander ab!**

Die reduzierte Wachheit ist hier das wesentliche Merkmal. Im Zustand der Benommenheit liegt eine gewisse Schläfrigkeit vor, der Patient ist aber leicht weckbar und gut orientiert. Bei einer Somnolenz gibt es keine spontanen sprachlichen Äußerungen mehr, der Patient muss laut angesprochen werden. Beim Sopor ist der Patient nur durch sehr starke Weckreize aufzuwecken, z. B. durch Schütteln. Er gleitet schnell wieder ab. In den komatösen Zuständen ist ein Wecken nicht mehr möglich. Zusätzlich liegen Störungen vegetativer Funktionen vor. Im Präkoma funktioniert jedoch noch der Pupillenreflex, der im Koma ausbleibt.

3. **Welche qualitativen Bewusstseinsstörungen kennen Sie?**

Es gibt drei Grundformen: die Bewusstseinseintrübung, die Bewusstseinseinengung und die Bewusstseinserweiterung. Bei der Eintrübung fehlt die Ich-Klarheit. Zusammenhänge des Denkens und Erlebens sind verworren. Bei der Einengung kommt es zu traumähnlichem Erleben und Fokussierungen. Bei der Erweiterung werden Farben, Formen, Helligkeiten und Räume intensiver erlebt als gewöhnlich. Epileptische Anfälle und Drogenwirkungen führen zu qualitativen Bewusstseinsstörungen. Drogen können auch bewusstseinserweiternde Wirkung haben, beispielsweise Fliegenpilze.

4. Welche Orientierungsstörungen sind Ihnen bekannt? Wie gehen Sie mit solchen Erscheinungen in Ihrer Praxis um?

Es gibt zeitliche, situative, örtliche und auf die eigene Person bezogene Störungen. Zeitlich bedeutet, der Patient weiß nicht über Jahreszeit oder Datum bescheid. Bei situativen Störungen erfasst er nicht die Untersuchungssituation und bei örtlichen Störungen kann er keinen Bezug zur Umgebung herstellen. Betrifft die Orientierungsstörung die eigene Person, so gehen Lebenslaufdaten, Name, Geburtsdatum, Beruf und andere Inhalte verloren. Damit ist immer auch eine Störung der anderen Bereiche verbunden. Die zeitliche geht zuerst verloren, zuletzt die Orientierung zur Person. Orientierungsstörungen sind immer Hinweise auf Hirnschädigungen! Daher ist dringend ein Notarzt zu verständigen!

5. Wie können Amnesien weiter eingeteilt werden?

Man unterscheidet verschiedene Formen, je nachdem, welcher Zeitraum von der Amnesie betroffen ist. Grundsätzlich liegt ein Schädigungsereignis vor, z. B. eine Gehirnerschütterung, CO-Vergiftung, ein Schlaganfall oder eine Demenz. Besteht eine Erinnerungslücke für den Zeitraum vor einem Schädigungsereignis, so nennt man das retrograde Amnesie. Betrifft die Lücke die Zeit danach, so heißt das anterograde Amnesie. Ist das Ereignis selbst davon betroffen, so liegt eine kongrade Amnesie vor. Eine Sonderform einer vorübergehenden anterograden und retrograden Amnesie mit Verwirrtheit ist die transitorische globale Amnesie. Die TGA bildet sich innerhalb von 24 Stunden zurück.

6. Was wissen Sie über Denkzerfahrenheit?

Es handelt sich um eine formale Denkstörung, bei der einzelne Gedanken zusammenhanglos nebeneinander stehen. Entsprechend wird in sprachlichen Äußerungen kein durchgängiger Zusammenhang erkennbar. Die Denkzerfahrenheit, die auch Inkohärenz genannt wird, kann unterschiedliche Ausmaße annehmen. Beim Vorbeireden sind Antworten inhaltlich unpassend. Bei der Paralogik ist die Grammatik beeinträchtigt, der Satzbau aber noch weitgehend erhalten, wenn auch Inhalte nicht konsequent aufeinander bezogen werden. Beim Paragrammatismus ist der Satzbau erheblich gestört. Bei schweren Formen kommt es schließlich zum Sprachzerfall, der so genannten Schizophasie. Denkzerfahrenheit kommt vor allem bei schizophrenen Psychosen vor.

7. Mit welchen formalen Denkstörungen rechnen Sie bei einer schweren Depression?

Bei Depressionen ist das Denken typischerweise verlangsamt und schleppend. Denkhemmung in Form eines gebremsten Erlebens sowie Grübeln, also unablässiges Beschäftigen mit bestimmten Themen und Sorgen, kommen häufig vor. Der Patient beschränkt sich oft auf wenige Themen, das nennt man eingeengtes Denken.

8. Zwangsgedanken können mitunter sehr bizarr sein. Könnte man Zwänge als Vorstufen des Wahns bezeichnen?

Nein! Zwänge sind eine eigene Kategorie. Bei Zwängen drängen sich Gedanken, Impulse oder Handlungen gegen den Willen der Person auf. Diese werden aber nicht als fremdverursacht erlebt, die Meinhaftigkeit bleibt erhalten. Patienten, die Zwänge erleben, bezeichnen diese selbst als im Grunde unsinnig, obwohl sie sich nicht dagegen wehren können. Bei Wahn besteht subjektive Überzeugung der Wirklichkeit der eigenen Wahrnehmung und Interpretation. Auch bei Jahre andauernden Zwangserkrankungen ergibt sich kein Wahn.

9. Erläutern Sie den Begriff "Wahnsystem" bzw. "systematisierter Wahn"!

Schizophrene versuchen, einzelne Wahnerlebnisse in einen Gesamtzusammenhang ihrer Erfahrungen einzuordnen. Dabei werden Wahnwahrnehmungen aufeinander bezogen und frühere Erlebnisse wahnhaft umgedeutet. Diese Bearbeitung der Wahnerlebnisse bezeichnet man auch als Wahnarbeit. Das Ergebnis dieser Wahnarbeit wird Wahnsystem genannt. Es ist ein in sich subjektiv stimmiges System, das alle Wahnphänomene logisch erklärt.

10. Welche Formen des Beziehungswahns kennen Sie?

Beziehungswahn bedeutet, dass alle Ereignisse der Umgebung der betroffenen Person inszeniert und nur auf sie abgestimmt zu sein scheinen. Die Person glaubt, dass alle über sie sprechen und sich ungewöhnlich ihr ge-

genüber verhalten. Der Beeinträchtigungswahn ist eine Steigerung hiervon. Dabei scheint sich alles gegen die Person zu richten, um ihr zu schaden. Auch hier gibt es eine Steigerung in den Verfolgungswahn. Bei dieser Form besteht die Überzeugung, das eigene Leben sei durch Verfolger in Gefahr, die einem nach dem Leben trachten. Eine Sonderform ist der Vergiftungswahn.

11. Unterscheiden Sie Eifersuchtswahn und Liebeswahn!

Eifersuchtswahn besteht in der unbegründeten Überzeugung, die Partnerin sei untreu. Das kommt meistens bei Männern vor, typischerweise im Zusammenhang mit langjährigem Alkoholmissbrauch. Liebeswahn, der bei Frauen häufiger vorkommt, zeigt sich in der wahnhaften Überzeugung, von einem bestimmten Menschen geliebt zu werden, obwohl dieser keine Zuneigung zeigt. Betroffene erklären das damit, dass die Person sich nicht zu der Liebe bekennen könne oder wolle.

12. Welche Formen akustischer Halluzinationen sind Ihnen bekannt? In welchem Zusammenhang kommen diese vor?

Akustische Halluzinationen sind Laute oder gesprochene Sätze, die ohne tatsächliche Sinnesreizung gehört werden. Einfache, ungeformte Geräusche nennt man Akoasmen. Werden Wörter oder Sätze gehört, so spricht man von Phonemen. Stimmen können als dialogische, also sich unterhaltende, als kommentierende oder als imperative, also Befehle erteilende Stimmen gehört werden. Bei Alkoholhalluzinose und Schizophrenie kommen akustische Halluzinationen vor.

13. Was versteht man unter Zönästhesien?

Das sind taktile Halluzinationen von bizarrer Ausprägung. Sie kommen häufig bei Schizophrenie vor. Es kommt dabei zu eigenartigen Leibentstellungsgefühlen. Schizophrene Patienten haben beispielsweise oft das Gefühl, die inneren Organe seien mit Gold überzogen oder die Organe wanderten im Leib hin und her. Versteinerungsgefühle gehören ebenfalls dazu.

14. Erläutern Sie die Unterschiede zwischen Halluzination, Pseudohalluzination, Illusion und Pareidolie anhand von Beispielen!

Bei einer Halluzination liegt eine Wahrnehmung ohne tatsächlichen Sinnesreiz vor. Es wird beispielsweise eine Gestalt gesehen, obwohl niemand wirklich da ist. Diese Wahrnehmung ist nicht korrigierbar, es handelt sich also nicht um eine kurze Täuschung. In solchen Fällen liegt eine Pseudohalluzination vor. Dabei wird kurz nach der falschen Wahrnehmung erkannt, dass es ein Irrtum war. Wird ein Objekt wahrgenommen, aber als etwas anderes verkannt, so spricht man von einer illusionären Verkennung oder Illusion. Ein Schatten wird beispielsweise für eine Person gehalten. Illusionen sind korrigierbar, d. h. Betroffene können den Wahrnehmungsfehler erkennen und einsehen. Bei der Pareidolie liegt eine tatsächliche Wahrnehmung vor, bei der das wirkliche Objekt wahrgenommen wird und weitere Inhalte hineingesehen oder herausgehört werden. Gesichter in Wolken sind Beispiele aus dem durchaus normalpsychischen Bereich.

15. Ein Kind im Fieber hält einen Teddy für ein Monster. Erst nachdem es ihn wieder im Arm hält, erkennt es ihn als Teddy. Um welches psychopathologische Symptom handelt es sich hierbei?

Es liegt eine illusionäre Verkennung vor. Ein tatsächlich vorhandenes Objekt wird wahrgenommen, aber zunächst in der Bedeutung verkannt. Die Wahrnehmung bzw. die Interpretation der Wahrnehmung kann korrigiert werden, daher ist es kein ausgeprägter Wahn.

16. Was versteht man unter Ich-Störungen? Geben Sie Beispiele!

Ich-Störungen werden auch Störungen der Meinhaftigkeit genannt. Es liegen Beeinträchtigungen vor, die als von außen gemacht erlebt werden. Das ist bei Gedankeneingebung und Gedankenentzug der Fall, wobei der Patient das Gefühl hat, fremde Gedanken würden in den Kopf gebracht oder eigene von einer unbekannten Macht rausgenommen. Willensbeeinflussung ist eine weitere Form, bei der sich der Betroffene als fremdgesteuert erlebt. Er scheint den Willen eines anderen ausführen zu müssen. Übergangsformen sind die so genannten Entfremdungserlebnisse, bei denen der eigene Körper und das Ich als fremd erlebt werden, oder aber die Umgebung. Diese müssen nicht mit schwer gestörter Meinhaftigkeit verbunden sein. Solche Phänomene kommen auch bei Stress und Überlastungen vor.

17. Erläutern Sie den Begriff "Automatismus" und geben Sie an, bei welcher Erkrankung solche Phänomene vorkommen!

Eine automatenhafte, maschinenähnliche Verhaltensweise wird als Automatismus bezeichnet. Der Patient erlebt sich selbst so ähnlich wie ein Roboter und wirkt auch in der Beobachtung so. Bei der Befehlsautomatie befolgt er stur jede Aufforderung und Anweisung. Beim Negativismus macht oder sagt er immer genau das Gegenteil von dem, wozu er aufgefordert wurde. Zwei besondere Formen sind noch die Echolalie, d. h. der Patient spricht alles nach, was er hört, und die Echopraxie, bei der er alles nachmacht und imitiert. Automatismen kommen bei Schizophrenie vor.

18. Ein Klient in Ihrer Praxis berichtet von verschiedenen Ereignissen, die mit unterschiedlichen Stimmungen verbunden waren. Er macht dabei einen schwermütigen und missmutigen Eindruck, verändert die Gefühlslage nur wenig, obwohl die erzählten Gefühle sehr unterschiedlich waren. Welche Schlussfolgerungen ziehen Sie daraus?

Der schwermütige Eindruck und die missmutige Stimmung zeigen eine dysphorische Gefühlslage. Die eingeschränkte Mitschwingung kann als Affektarmut bezeichnet werden. Eine weitere Exploration ist erforderlich, um zu sehen, ob diese Affektivitätsstörungen im Gespräch anhalten. Bestätigt sich das Zustandsbild, so ist eine ärztliche Kontrolle angezeigt. Anhaltende affektive Störungen sind typisch für psychotische Störungsbilder. Organische Ursachen, schizophrene oder affektive Psychosen könnten dem Verhalten zugrunde liegen.

Lernen und Prüfungstraining - Alles aus einer Hand!

Bauen Sie Ihr Fachwissen auf und aus mit der passenden Buchreihe zu den Trainingsbüchern dieser Reihe:

„Heilpraktiker für Psychotherapie. Das Selbstlernsystem"

Bd. 1	Grundbegriffe und Klassifikationssystem
Bd. 2	Allgemeine Psychopathologie
Bd. 3	Organisch bedingte psychische Störungen
Bd. 4	Abhängigkeitserkrankungen
Bd. 5	Schizophrenie
Bd. 6	Affektive Störungen
Bd. 7	Ängste, Zwänge, Belastungsreaktionen
Bd. 8	Somatoforme und dissoziative Störungen, Ess-, Schlaf-, sexuelle Störungen
Bd. 9	Persönlichkeits- und Verhaltensstörungen, Suizide
Bd. 10	Kinder- und Jugendstörungen
Bd. 11	Psychopharmaka und Somatotherapie, Rechtskunde
Bd. 12	Psychotherapieverfahren

Weitere Heilpraktikerbücher

Heilpraktiker für Psychotherapie. Prüfungswissen
ISBN: 978-3-8334-9867-1

Heilpraktiker für Psychotherapie. Die mündliche Prüfung
ISBN: 978-3-8334-9868-8

Heilpraktiker für Psychotherapie. Die schriftliche Prüfung
ISBN: 978-3-8370-0347-5

Heilpraktiker für Psychotherapie. 20 Fallbeispiele
ISBN: 978-3-8370-1090-0

Endlich Heilpraktiker. Die häufigsten Irrtümer in der
Psychotherapieprüfung *ISBN: 978-3-8370-0329-1*

Übungsaufgaben Psychotherapie. Zur Vorbereitung auf den
kleinen Heilpraktiker *ISBN: 978-3-8370-0683-4*

Crashtest Psychotherapie. Zur Vorbereitung auf den kleinen
Heilpraktiker *ISBN: 978-3-8370-0709-1*

Spezialtest Psychotherapie. Für kleine und große
Heilpraktiker *ISBN: 978-3-8370-5838-3*

Heilpraktikerprüfung Psychotherapie. 200 kommentierte
Aufgaben *ISBN: 978-3-8370-6017-1*

Diagnosetraining Psychotherapie. Ein Arbeits- und
Nachschlagebuch *ISBN: 978-3-8370-4281-8*

Psychotherapie. Der Fragenkatalog. Fachwissen Heilkunde
ISBN: 978-3-8370-5396-8

www.ingramcontent.com/pod-product-compliance
Lightning Source LLC
Chambersburg PA
CBHW070404290526
45790CB00004B/1625